AF200548

www.angenehme-vorstellung.de

Bibliographische Information Der Deutschen Bibliothek: Die Deutsche Bibliothek verzeichnet diese Publikation in der Deutschen Nationalbibliographie; detaillierte bibliographische Daten sind über http://dnb.ddb.de abrufbar.

ISBN 978-3744848466

Herstellung und Verlag: BoD - Books on Demand, Norderstedt

Gestaltung und Satz:
Saskia Funke
www.sakisafu.de

Grafik:
Marco W. Linke

Inhalt

Vorwort

„Die deutschen Klassiker". Das klingt furchtbar verstaubt, ganz zu Unrecht, denn eines ist große Literatur ganz sicher nicht: langweilig. Schließlich geht es dort um bedeutende und stets aktuelle Themen, wie die große Liebe, Angst, Trauer, Selbstmord, Mord, Sehnsucht, Erkenntnis, Macht, Gier, Verrat, Lüge, Weisheit, Sex, und so weiter und so weiter …

Literaturgeschichte ist faszinierend. Und zugleich verwirrend. Es gibt eine Vielzahl verschiedener Datierungen ihrer Epochen. Einen Überblick findet ihr weiter unter. Wobei die Epochenzuordnung so zu verstehen ist, dass es fließende Übergänge, Überschneidungen und auch Ausnahmen gibt. Eine eindeutige Zuordnung ist – wie so oft in der Kunst – also nicht immer möglich. Manche Werke gehören inhaltlich eigentlich woanders hin … einige kommen später, andere sind „zu früh dran" ...

Dieses Buch möchte helfen, zu lernen und zu verstehen, jenseits von seitenlangen schwer verständlichen Abhandlungen möchte es einen ersten umfassenden Eindruck vermitteln: Um was geht es im Werk? Wann wurde es geschrieben? Was ist das Hauptmotiv?

Die Symbole auf den Kaffeebechern visualisieren einen Kernaspekt, das, worum es im Grunde geht bzw. warum es berühmt wurde. Die Hashtags setzen das Werk in einen

erweiterten Kontext. (Die Auswahl „der deutschen Klassiker"
ist subjektiv; diese Sammlung erhebt keinerlei Anspruch auf
Vollständigkeit, versucht aber repräsentativ zu sein. Etwaige
Fehler bitte ich bereits im Vorfeld zu entschuldigen.)

Und nun, viel Spaß beim Schmökern:
„Allwissend bin ich nicht; doch viel ist mir bewusst."
(Faust I)

Literaturepochen Überblick

Bezeichnung/Zeitraum/Beispiel

Aufklärung ca. 1720 – 1790 Lessing
Sturm und Drang 1765 – 1790
Goethe
Klassik 1786 – 1832 Schiller
Romantik 1798 – 1835 Novalis
Biedermeier 1815 – 1848 Stifter
Vormärz 1825 – 1850 Büchner
Realismus 1850 – 1880 Fontane
Naturalismus 1875 – 1900
Hauptmann

Moderne ab 1900, zu der im
weitesten Sinne auch gehört:
Expressionismus 1910 – 1925
Kafka, Döblin
*Weimarer Republik/Neue
Sachlichkeit* 1919 – 1932 Mann
Exilliteratur 1933 – 1945 Seghers
Nachkriegsliteratur 1945 – 1950
Borchert
Literatur der DDR, Literatur der BRD
1950 – 1990 Wolf
Postmoderne ab 1980

Nathan der Weise

G. E. LESSING

Ideendrama, 1779

#RINGPARABEL #BÜRGERLICHKEIT

#KLASSIK #DRAMA

#TOLERANZ #RELIGION

Die äußere Form dieses Dramas entspricht dem klassischen Drama in fünf Akten. Zur Zeit des dritten Kreuzzuges, Spätmittelalter, wird die Pflegetochter Nathans, Recha, von einem christlichen Tempelherrn vor einem Feuer gerettet. Dieser wiederum wurde gerade vom Sultan Saladin, begnadigt. Der Sultan, Muslim, lässt Nathan, Jude, herbeikommen und fragt ihn - statt ihn direkt um einen Kredit zu bitten, sein eigentliches Anliegen - welche die wahre Religion sei. Woraufhin Nathan mit der Ringparabel antwortet, beide Freude werden und es - nach einigen Umwegen - ein „Happy End" gibt. Als sich der Tempelherr und Recha verlieben, zeigt sich, dass die beiden nicht nur Geschwister sind, sondern auch noch die Kinder von Saladins Bruder. Ein weiteres Symbol dafür, dass alle drei Weltreligionen eng miteinander verbunden sind.

Die Ringparabel - zu einem Schlüsseltext der Aufklärung geworden - besagt, dass ein Vater einen kostbaren Ring besaß, den er stets dem Sohn, der am liebsten hatte, schenkte. Nun liebte ein Vater alle seine drei Söhne gleich stark. Er lässt zwei Ringduplikate anfertigen, die nicht mehr vom echten Ring zu unterscheiden sind. Die Söhne wollen klären lassen, welcher der Echte ist, doch vor Gericht kann ihnen auch nicht geholfen werden. Der Richter stellt lediglich fest, dass der echte Ring seinen Träger bei allen Menschen beliebt mache. Die Ringbesitzer müssten sich also bemühen, dass genau jene Wirkung zutage trete, dann zeigte sich die Wahrheit. Damit wird klar, dass Nathan die Frage nach der „echten" der drei monotheistischen Weltreligionen auf diese Weise zu beantworten versucht: Gott liebe die Menschen gleichermaßen, unabhängig von ihrer Religionszugehörigkeit. Es gibt nicht die „eine wahre" Religion; alle sollen in friedlicher Koexistenz zu leben versuchen. Glaube und Vernunft sollen so in Einklang gebracht werden.

Seit Beginn es 19. Jahrhunderts ist das Drama fester Teil des bürgerlichen Bildungskanons, im Nationalsozialismus war dessen Aufführung verboten. Es ist Lessings letztes und bekanntestes Werk.

Die Räuber

FRIEDRICH SCHILLER

Drama, 1782

#PLICHTVERSUSGEFÜHL #DRAMA #WEIMARERKLASSIK

#STURMUNDDRANG #WILHELM TELL

#KABALE UND LIEBE #WALLENSTEIN

#MARIASTUART #DAS LIED VON DER GLOCKE #EHRE

#SCHULD

Das 5-aktige Drama „Die Räuber" von Friedrich Schiller wurde 1782 uraufgeführt.

Die Rivalität zweier adliger Brüder steht im Mittelpunkt der Handlung: Einerseits der von seinem Vater geschätzte, kluge, freiheitsliebende spätere Räuber Karl Moor. Andererseits der berechnende, unter Liebesentzug leidende Bruder Franz - eifersüchtig und raffgierig. Aufgrund einer List von Franz wird Karl vom Vater verbannt und enterbt. Er schließt sich in seiner Verzweiflung einer Räuberbande an. Diese kehrt schließlich ins väterliche, vom eigenen Bruder Franz besetzte Schloss zurück. Sie wollen Franz stellen. Doch dieser begeht Suizid. Durch einen Schwur an die Räuber gebunden, kann Karl nicht zurück zu seiner geliebten Braut Amalia und ins bürgerliche Leben. Letztendlich kommt er ihrem Wunsch nach, sie dann besser zu töten.

Schiller stellt vor allem den Konflikt zwischen Ratio und Emotion heraus. Die Zerrissenheit zwischen Pflicht und dem Wunsch nach Freiheit ist zentraler Aspekt.

Zwei rivalisierende Brüder kämpfen um ihr Erbe. Der einst redliche wird zerrieben zwischen Gefühl und Pflicht und versinkt schließlich in einem Sumpf aus Unrecht und Gewalt. Die Infragestellung von Normen und Gesetzen ist allgegenwärtig.

Faust

J. W. VON GOETHE

Tragödie, 1808

#TRAGÖDIE #FAUSTI #TEUFEL **#GRETCHENFRAGE**

#KINDSMORD # WAHNSINN #WEIMARERKLASSIK

#AUFKLÄRUNG **#STURMUNDDRANG** #PHILOSOPHIE

#TEUFEL #MORAL #WISSEN **#URFAUST** #VERSFORM

Die Tragödie von J. W. von Goethe ist so ziemlich das bekannteste deutschsprachige Stück klassischer Literatur und wurde 1808 veröffentlicht.

Faust, Forscher und Lehrer zu Beginn der Neuzeit, ist unbefriedigt. Beruflich hat er es zu keinen besonderen Erkenntnissen gebracht und privat kann er das Leben nicht wirklich genießen. Des Lebens müde verspricht er dem Teufel Mephisto seine Seele, wenn dieser Abhilfe schafft. (Ob es dem Teufel gelingt, Faust vom rechten Weg abzubringen?) Faust wird wieder ein junger Bursche, geht auf Weltreise und bandelt mit Margarete (Gretchen) an. Faust ist das Unglück der jungen Frau: Verführt, geschwängert und schließlich ganz allein bringt sie ein uneheliches Kind zur Welt, das sie aus Verzweiflung tötet. Faust will sie mit des Teufels Hilfe vor der Hinrichtung retten. Doch sie ist bereits dem Wahnsinn verfallen.

Im Zweiten Teil ist Faust nach einem Heilschlaf sehr aktiv: in der Kunst, der Sinnsuche.

Besonderheiten: Die Tragödie ist in Versform verfasst. Faustzitate: „Dass ich erkenne, was die Welt // Im Innersten zusammenhält."

„Es irrt der Mensch, so lang' er strebt", „Hier bin ich Mensch, hier darf ich's sein."

Der zerbrochene Krug

HEINRICH VON KLEIST

Lustspiel, 1808

#MORAL #RICHTER

#LÜGE #BLANKVERS

#KOMIK

Inzwischen zur Schullektüre gehörend wird hier in Blank-
versen die Geschichte des Dorfrichters Adam erzählt, der
als Richter über sein eigenes Vergehen richten muss. Um
1685 kommt es in einem Dorf zu einer Gerichtsverhandlung.
Ausgangspunkt ist ein zerbrochener Krug, der bei einem
delikaten nächtlichen Zwischenfall zu Bruch gegangen ist und
den die Dame des Hauses vom mutmaßlichen Täter ersetzt
haben will: Frau Roll beschuldigt den Verlobten ihrer Tochter
Eve der Zerstörung, dieser aber sagt aus, dass ein Fremder in
das Haus eingedrungen sei. In Wahrheit war der Richter selbst
dort, um sich mit Eve zu einem geheimen Stell-dich-ein zu
treffen. Der Gerichtsschreiber verdächtigt Adam. Im Laufe
der Verhandlung versucht der Richter die Beweislage immer
mehr zu verschleiern und gleichzeitig den Fall aufzuklären,
was eine gewisse Komik zur Folge hat. Letztendlich wird alles
aufgedeckt und der Richter als Missetäter entlarvt: Er hatte Eve
insofern belogen, dass Adam ihr sagte, ihr Verlobte entginge
dem lebensgefährlichen Militärdienst in Ostindien nur dann,
wenn er diesem ein entsprechendes Attest ausstelle - als
Gegenleistung für Eves amouröses Entgegenkommen. Im
Tumult flieht der Richter.

Das korrupte Justizwesen, der lüsterne Alte als Komö-
dientypus und die Frage nach der Ehre - all dies zeigt
sich hier in Vermischung von Privatem und Öffentlichen
innerhalb der Verhandlung.

Doch es gibt ein Happy End: Die Verlobten heiraten nun wie vorgesehen. Ein neuer Richter hält Einzug.

Der Text fällt literaturgeschichtlich insofern aus dem Rahmen, dass er obwohl zeitlich dort verortbar, weder der Romantik noch der Klassik, zu zu ordnen ist. Vielmehr finden sich Aspekte des modernen Dramas und des Naturalismus darin.

Lenz
GEORG BÜCHNER

Erzählung, 1839

#ERZÄHLUNG #GENIE #WAHNSINN

#LANDSCHAFT #IDEALISMUSKRITIK

#DERHESSISCHELANDBOTE #DANTONSTOD

#LEONCEUNDLENA #WOYZECK #GEMÜT #KÜNSTLER

Es geht in der Erzählung um den zunehmend depressiv bzw. geistig verwirrt werdenden Schriftsteller Lenz, der sich auf eine Reise in das Bergdorf Waldbach zum Pfarrer Oberlin macht. Der Text besteht aus Briefen von Lenz und aus den Beobachtungen des Pfarrers. Bei seinen Gebirgswanderungen hört Lenz Stimmen, verliert immer wieder die Orientierung in Raum und Zeit. Die Landschaft, Wolken und Sonne werden zu Metaphern seines nahenden Wahnsinns. Am Abend dominieren Einsamkeit und Angst sein Gemüt. Das Zusammensein mit der Familie des Oberlin tut ihm gut, doch ist dieser Zustand nur von kurzer Dauer. Zunehmend vermischen sich Realität und Traum in den nächsten Nächten. Er fügt sich selbst Schmerzen zu und steigt in den kalten Brunnen. Manisch-depressiv und zunehmend paranoid helfen weder Naturnähe noch Glaube – seine Begegnung mit einem sterbenden Mädchen treibt ihn weiter in den Wahnsinn. Schließlich deutet Lenz an, dass er seine Geliebte ermordet hätte. Lenz mehrmalige Suizidversuche werden vereitelt; er trifft apathisch in Straßburg ein – und lebt dort „so hin" …

Besonderheiten: Im Gespräch mit seinem Freund über die Kunst, in seiner leidenschaftlichen Ablehnung gegen die idealistische Literatur, ist Lenz klar und konzentriert. Als Sprachrohr des Autors fungierend stellt sich Lenz gegen die Harmonisierungstendenzen der klassischen und romantischen Poesie.

Der Biberpelz

GERHART HAUPTMANN

Drama, 1893

#NOBELPREISFÜRLITERATUR

#NATURALISMUS

#VORMÄRZ #MILIEU

Das sozialkritische Drama wird dem Naturalismus zuordnet. In Berlin Ende des 19. Jahrhunderts bringt Mutter Wolffen, eine patente Wäscherin, mit einem ängstlichen Ehemann verheiratet, ihre Familie unter anderem mit kleinen Gaunereien durch. Eine scheinbar gute Gelegenheit lässt sie rechtswidrig einen Biberpelz an sich bringen. Er soll ihre Schulden begleichen. Doch es kommt zur Anzeige. Jedoch schafft sie es - die Verhandlung weist parodistische Züge auf - jedweden Verdacht durch „Bauernschläue" von sich abzuwenden. Der Beamte des wilhelminischen Staates hat ohnehin eher im Sinn, politisch Verfemte aufzuspüren, z. B. Dr. Fleischer, der sich mit freigeistiger Literatur beschäftigt - in den Augen des Beamten eine große Verfehlung. Statt den Diebstahl aufzuklären beschäftigt sich der Beamte also damit, unbescholtene Bürger zu verfolgen.

Die naturalistischen Elemente zeigen sich im Text vor allem in der Milieuschilderung, der Verwendung von Alltagssprache und im Determinismus - wobei die Figur der Mutter Wolffen jedoch bemüht ist, diese Fesseln der Herkunft abzustreifen. Der offene Schluss traf bei der Uraufführung 1893 in Berlin nicht nur auf Zustimmung.

Effi Briest

THEODOR FONTANE

Roman, 1894 / 1895

#GESELLSCHAFTSROMAN #LIEBE #EHE

#TOD #POETISCHERREALISMUS

#BÜRGERLICHERMORALKODEX

#UNTREUE

Die junge Effi heiratet den deutlich älteren Baron von Innstetten. Sie wird zusehends unglücklicher in der Ehe und beginnt eine Affäre. Jahre später entdeckt ihr Mann die alten Liebesbriefe dieser Affäre. Dem gesellschaftlich geltenden Ehrenkodex folgend, tötet er ihren ehemaligen Liebhaber im Duell. Aufgrund der Scheidung ist Effi geächtet; auch ihre Eltern wenden sich von ihr ab. Sogar ihre Tochter Annie darf sie nicht sehen. Nach einem enttäuschenden Besuch dieser ihr inzwischen völlig entfremdeten Tochter bricht Effi zusammen. Ihre Eltern nehmen sie nun doch noch auf, doch sie stirbt mit etwa 30 Jahren in ihrem Elternhaus.

Die bürgerlichen Vorstellungen und Verhaltensweisen werden hier in Frage gestellt: Der Moralkodex macht eine ganze Familie unglücklich.

Aufgrund ihrer Affäre „muss" ihr Mann sie schließlich verstoßen. Sie stirbt (ohne ihre Tochter) vor Kummer.

Besonderheiten: Schlüsselsatz „Das ist ein (zu) weites Feld."

Die Verwirrungen des Zöglings Törleß

ROBERT MUSIL

Roman, 1906

#KUK **#PUBERTÄT**

#TRIEB #BÜRGERTUM

#ERZIEHUNG

Der zur literarischen Moderne zählende Roman berichtet von den zum Teil verstörenden Erlebnissen pubertierender Schüler eines autoritär geführten Internats in der K-u-K-Monarchie.

Der Schüler Basini wird des Diebstahls überführt und fortan von drei Mitschülern gegängelt, tyrannisiert, erpresst und missbraucht. Den Sadismus der Figuren Reimling und Beineberg verabscheut Törleß, der dritte im Bunde, doch beobachtet er sich selbst dabei, wie auch er fasziniert ist – er versucht in diesem Zusammenhang den Geheimnissen der Seele auf den Grund zu gehen, was für seine Entwicklung und Identitätsfindung von einiger Wichtigkeit zu sein scheint. Der sensible Feingeist, die Triebhaftigkeit und Sinnlichkeit – all das sind vorherrschende Romanmotive. Militarismus, Intrigantentum, Herrschsucht und Hierarchie korrespondieren mit Moralvorstellungen, Großbürgerlichem Ehrbegriff und Empathie.

Der auktoriale Erzähler lässt die Leser an den jugendlichen Innenwelten teilhaben und beschreibt Basinis masochistische Opferrolle ebenso eindringlich wie Törleß' Selbstbeobachtung und sein Erkenntnisinteresse.

In der sich um die Jahrhundertwende aufzulösen beginnenden K-u-K-Monarchie wurden Themen wie Technik, Kultur und Gesellschaft neu bewertet. Psychoanalyse, Selbstentfremdung und soziale Neuordnungen haben Musil bewegt. Er hatte schon früh auf die Gefahren hingewiesen, die von der militärisch (sowie kirchlich und aristokratisch) geprägten Erziehung junger Menschen ausgehen können.

Die Verwandlung

FRANZ KAFKA

Erzählung, 1915

#METAMORPHOSE #SURREALISMUS #FAMILIE

#INSEKTENMETAPHER

#DASURTEIL

Die Erzählung beschreibt, wie ein Mann in einen Käfer verwandelt aufwacht, von der Familie verstoßen wird und schließlich stirbt.

Das Surrealistische, der Abschied des Mannes, Gregor, von seiner menschlichen Gestalt und damit auch von seinem Beruf als Handelsvertreter, wird nüchtern, beinahe sachlich dargestellt. Die emotionslose, einem Bericht ähnelnde Erzählweise steht im krassen Kontrast zum bizarr anmutenden Inhalt. Gregors eigene und die Reaktion seines familiären Umfeldes ist ungewöhnlich. Tatsächlich scheint die Verwandlung in ein Ungeziefer nur bereits bestehende Verhältnisse zu verdeutlichen: Gregor wurde schon vor „der Begebenheit" gedemütigt, entfremdete sich zusehends von der Familie und entmenschlichte sich durch die Art seiner Arbeit. Mit seinem persönlichen Niedergang geht der Aufstieg der Familie einher.

Die Erzählung ist dreigeteilt: In jedem der drei Kapitel versucht Gregor einmal aus seinem Zimmer auszubrechen. Letztendlich stirbt er aufgrund von Nahrungsverweigerung.

Es gibt einige Bezüge zu Kafkas realem Leben, so ähnelt der Handlungsort, das Familiendomizil, einem der Familie Kafka. Auch das Motiv der Leiden des pflichterfüllenden Sohnes und dessen schwierige Beziehung zum Vater lassen sich in anderen Werken des Autors finden.

Siddhartha

HERRMANN HESSE

Erzählung, 1922

#NIRWANA #INDIEN #ENTWICKLUNGSROMAN
#SIDDHARTA #BUDDHA #ERLEUCHTUNG #ASKESE
#LEHRE #WEISHEIT #ERKENNTNIS #RELIGION
#ENTSAGUNG #LIEBE #SINNSUCHE

Der Brahmanensohn Siddharta denkt sich die Erleuchtung als Verschmelzung von Einzel- und Weltseele zu einem Ganzen. Doch die traditionellen Lehren im 6. Jahrhundert vor Christus können ihn das nicht lehren, so bricht er mit seinem Freund auf: Er schließt sich der Asketenschule Samanas an. Doch Erleuchtung ist nicht durch reine Willensanstrengung zu erreichen. Sie suchen weiter, treffen auf Buddha und Siddharta wird klar: „Keinem wird Erlösung zuteil durch Lehre." Er wählt also den Weg ins Leben und wird der Geliebte der Kurtisane Kamala. Er arbeitet als Kaufmann, verliert aber die Balance und verfällt dem Alkohol und Glücksspiel. Selbstekel, -selbstentfremdung und Verzweiflung treiben ihn zu einem Selbstmordvorhaben, doch im letzten Augenblick erfährt er Rettung in Form eines Wiedergeburtserlebnisses. Er erkennt: Man muss hinab steigen, um wieder aufzusteigen. Er wird der Gehilfe eines weisen, alten Fährmanns. Nach langer Einsamkeit, Abstinenz und Meditation meint er zu wissen: Jeden Augenblick als Einheit zu denken und fühlen zu können – das ist die Erleuchtung.

Schließlich kommt seine einstige Geliebte zu ihm, stirbt in seinen Armen und hinterlässt ihm ihren gemeinsamen Sohn. Plötzlich Vater muss er schmerzlich erfahren, dass Weisheit auch dem eigenen Kind nicht vermittelbar ist. Der Kreis schließt sich: Der Sohn verlässt den Vater auf der Suche nach dem eigenen Weg. Zuletzt wird noch einmal das Aufeinandertreffen der Jugendfreunde Siddhartha und Govinda, des Vollendeten und des noch immer Suchenden beschrieben.

Auf der Suche nach dem Nirwana. Einheit in der Vielheit. Die Überwindung des Ich und das Leben aus dem Selbst: Kein Dogma, sondern ein individueller Weg, der Leben und Geist vereint und gleichzeitig überwindet.

Besonderheiten: Hesse setzt sich in dieser Erzählung intensiv mit den religiösen und philosophischen Aspekten Indiens auseinander. Es handelt sich hierbei um einen psychologisch-spirituellen Entwicklungsroman, der fiktive Handlungsabschnitte mit Elemente aus dem Leben Buddhas verzahnt.

Der Zauberberg

THOMAS MANN

Roman, 1924

#SANATORIUM #KRANKHEIT

#GESELLSCHAFT #MORAL

#TOD #SINNLICHKEIT

Die Gattin Thomas Manns musste mehrere Monate in einem Davoser Lungensanatorium behandelt werden; Eindrücke dieser Zeit inspirierten Mann, einen 2-bändigen – durchaus ironisch-kritischen – Bildungsroman / Zeitgeistroman zu schreiben. Verschiedenste Weltanschauungen und Verhaltensweisen treffen hier aufeinander.

Im Mittelpunkt der Handlung steht der Bürgersohn Hans. Er besucht seinen kranken Vetter im Sanatorium in den Bergen. Pflichtvergessen und über viel freie Zeit verfügend geben sich die Patienten dort diversen Vergnügungen hin. Hans diskutiert leidenschaftlich mit dem humanistisch geprägten Italiener Settembrini, beginnt mit der Russin Clawdia eine amouröse Beziehung und begegnet zudem dem Kommunisten Naphta sowie dem vitalen Peeperkorn; einige Ärzte erlebt er als gierige Scharlatane.

Insgesamt sieben Jahre verbringt Hans dort. Die Morbidität ist allgegenwärtig: Krankheit, Tod, Suizide. Der Krieg treibt den Protagonisten schließlich in den Krieg, wo er als anonymer Soldat, nicht mehr als Individuum wahrgenommen, vermutlich den Tod findet.

Die Suche nach der „Lösung" zwischen den beiden Polen Leben und Geist ist maßgeblich – auch für die eigene Lebensgestaltung Manns. Manche Kritiker sehen in diesem Roman eine Parodie auf den klassischen Bildungsroman: Die Entwicklung läuft ins Leere.

Der Roman wurde sehr erfolgreich aufgenommen, auch wenn es einige Missstimmungen gab angesichts der Ähnlichkeiten einiger Figuren mit lebenden Personen.

Die Traumnovelle

ARTHUR SCHNITZLER

Novelle, 1925/6

#PSYCHE #MORAL

#GESELLSCHAFTSWANDEL

#WIENERMODERNE #GESCHLECHTERROLLEN

#EROTIK #FREUD #TREUE

Die Geschehnisse einer Nacht und eines Tages – von Verlangen, Erotik und Schuldgefühlen geprägt – werden hier thematisiert: Die scheinbar harmonische Ehe des Arztes Fridolin und seiner Frau Albereien wird auf die Probe gestellt, als unerfüllte sexuelle Begierden der beiden zur Sprache kommen. Fridolin wagt sich auf Entdeckungsreise „hinab" in die eigene Psyche und erlebt sowohl in der Stadt Wien als auch auf einem abendlichen geheimen Maskenball Erotisches wie emotional Verstörendes.

Albereien träumt des Nachts von Ehebruch, Verrat, Schuld und Folter. Während Fridolin in der realen Welt Erfahrungen macht, bleibt Albereien als Frau hier passiv. Sie verkörpert die weibliche Moral um 1900: früh verheiratet, triebunterdrückend, um die Jungfräulichkeit zu bewahren, nur bedingt selbstständig, in ihrer Rolle als Mutter und Ehefrau aufgehend. Fridolin dagegen übernimmt im patriarchalischen Sinne Verantwortung für seine Familie und in seiner Funktion als Arzt.

Nach einer beiderseitigen Beichte ihrer wirklichen und imaginierten Eskapaden „erwachen" beide; das helle Kinderlachen ihrer gemeinsamen Tochter am nächsten Morgen lässt ihre Begierden wieder ins Unbewusste hinabsinken.

Der Stoff ist stark von den Freudschen (Sexual-)Theorien jener Zeit gefärbt. Die beschriebene Kaffeehausatmosphäre, das Thematisieren von Individualismus, der Übergang von

Tradition zu Neuem zur Zeit der Jahrhundertwende spiegelt als Teil der Wiener Moderne.

Zur Jahrtausendwende, 1999, nahm sich Stanley Kubrick des Stoffes an und adaptierte ihn erfolgreich im Film „Eyes wide shut" mit Nicole Kidman und Tom Cruise.

Berlin Alexanderplatz

ALFRED DÖBLIN

Roman, 1929

#GROSSSTADTROMAN #STREAMOFCONSCIOUSNESS

#EXPRESSIONISMUS #WEIMARERREPUBLIK

#MODERNE #INDIVIDUUM #MODERNE #MONTAGE

#BERLIN

Franz, stellvertretend für den „kleinen Mann" per se, wird in der Großstadt Berlin zum Spielball der Gegebenheiten. Nach seiner Entlassung aus dem Gefängnis will er neu anfangen. Ehrlich will der ehemalige Arbeiter Biberkopf bleiben, doch er scheint von Anfang an verloren und agiert (einer Marionette ähnlich) in verschiedenen Szenarien.

Zwischen Kneipenphilosophie, Flittermoral und Lichterglanz des modernen Lebens erliegt er diversen Versuchungen, wird in Verbrechen hineingezogen, und läuft schließlich in sein eigenes Verderben. Er wird abermals zum Kriminellen und Zuhälter, verliert gewaltsam und brutal seine Freundin, bricht zusammen und kommt sogar in eine Nervenanstalt. Von dort geht er, um einige Erkenntnisse reicher und viele Illusionen ärmer, nach Hause.

Die erzählerische Vielstimmigkeit, innerer Monolog, Berliner Jargon, Bibelzitate, Erzählereinwürfe, Statistiken und Schlag-zeilen, all dies kreiert das Bild des „Mitläufers" in der wirbelnden Stadt - zwischen Hektik und Untergang, Verlockung und Realität.

„Verflucht ist der Mensch, der sich auf den Menschen verlässt" – das Leitmotiv des Romans.

Besonderheiten: Die verwendete Erzähltechnik des „Bewusstseinsstroms" ist eine Montagetechnik, ähnlich der des Filmes, bei der scheinbar willkürlich Bilder und Szenen aneinandergereiht werden, ist mit dem inneren Monolog verwandt, aber nicht zu verwechseln.

Das siebte Kreuz

ANNA SEGHERS

Roman, 1942

#FASCHISMUS #KZ

#HOFFNUNG #DDR

Der Roman erzählt die Flucht von sieben Häftlingen aus einem Konzentrationslager zur Zeit des Nationalsozialismus. Der KZ-Kommandant erklärt es zum Ziel, die Entflohenen - ihre verschiedenen Berufe und Biografien repräsentieren einen Querschnitt durch die Gesellschaft - innerhalb von sieben Tagen wieder zurückzubringen. Er lässt für die Häftlinge sieben Kreuze errichten, an denen sie hängen sollen. Sechs werden gefasst oder sterben auf der Flucht, einer aber kommt weiter; ein Kreuz - als Zeichen der Hoffnung und des Widerstandes - bleibt frei.

In sieben Kapiteln wird die erfolgreiche Flucht Georg Heilers beschrieben, der als Kommunist von den Genossen Hilfe erfährt.

Der Roman basiert auf Berichten von Insassen des KZ Sachsenhausen. Der Erzählstoff demonstriert, dass der Faschismus nicht allmächtig war und sogar das schier Unmögliche möglich wurde.

Anna Seghers schrieb den Roman im Exil; er erschien anfangs auf Englisch. Ins Deutsche übersetzt wurde er später in der DDR zur Pflichtlektüre in den Oberschulen.

Der Richter und sein Henker

FRIEDRICH DÜRRENMATT

Roman, 1950-51

#JUSTIZ #GERECHTIGKEIT

#GESELLSCHAFT

#SYSTEMFEHLER

Der alte und kranke Kriminalkommissar Hans Bärlach lässt die Ermittlungen in Bern - sein bester Mitarbeiter wurde erschossen - von seinem Assistenten Tschanz vornehmen, der allerdings selbst der Mörder ist. Unter Verdacht steht Gastmann, ein von Barlach seit Jahrzehnten erfolglos gejagter Verbrecherkönig. Der Kommissar benutzt seinen Assistenten, um Gastmann zur Strecke zu bringen. Da ihm das nicht auf legalem Wege gelingt, wird Tschanz unfreiwillig zum Henker, indem Barlach die Geschicke aus dem Hintergrund lenkt: Bei einem Kampf erschießt Tschanz Gastmann; dieser wird somit für ein Verbrechen „bestraft", dass er nicht begangen hat. Doch auch Tschanz wird von Barlach überführt; am nächsten Tag liegt er tot unter einem Zug.

Der Text zeichnet sich durch Ironie und Gesellschaftskritik aus: Gastmann wird als Verkörperung des Bösen mit den eigenen Waffen geschlagen, jedoch nicht durch das Justizsystem.

Homo faber

MAX FRISCH

Roman, 1957

#RATIONALISMUS

#SCHICKSAL #INZEST

#MODERNE

Der in über 25 Sprachen übersetzte Rollenroman des Schweizers erzählt – im Rückblick – die tragische, inzestiöse Begegnung des durch und durch rationalen Walter Fabers mit seiner Tochter. Zynismus, Technikgläubigkeit und Glaube kollidieren hier.

Faber weiß nicht einmal, dass er eine Tochter hat: „Sabeth"; Der Zufall führt die beiden im Erwachsenenalter zueinander. Auf einer Reise verliebt er sich in die junge Frau, die ihn an seine Jugendliebe Hanna erinnert. Auf einer „romantischen Bildungsreise" durch Südeuropa lieben sie sich. Faber erkennt nicht, dass Sabeth seine Tochter ist. Die Reise endet tragisch: Sabeth stirbt durch einen Unfall: Ein Schlangenbiss, ein Sturz, den Faber den Ärzten verschweigt, tödliche Kopfverletzungen ... Erst als Faber Hanna trifft, erfährt er von seiner Vaterschaft. Sein auf Rationalität basierendes Weltbild gerät ins Wanken. Seine tiefe Trauer und sein wiederkehrendes Magenleiden machen (s)einen frühen Tod wahrscheinlich. Der Bericht bricht ab am Tage nach seiner Operation.

Verdrängungsmechanismen, Entfremdung zur Natur und zum eigenen Naturell, Identitätsproblematik, Schuld und die Gegensätze von Schicksal und Berechenbarkeit sind die Hauptaspekte des Textes, der „verhinderte Mensch" in der Moderne das Kernthema.

Die Blechtrommel

GÜNTER GRASS

Roman, 1959

#DANZIGERTRILOGIE #KATZUNDMAUS

#HUNDEJAHRE #NACHKRIEGSLITERATUR

#GRUPPE47 #VERFILMUNG #NOBELPREIS

Das bekannte Mammutwerk umfasst drei Bücher und strotzt vor grotesken Begebenheiten, einer überbordenden Sprache und sich ständig erneuernder Dramatik.

Der Erzähler sitzt in einer Heil- und Pflegeanstalt und berichtet von seinem Leben: Beginnend bei der Familiengeschichte um die Großmutter beschreibt er, Oskar Matzerath, schließlich sein eigenes Leben: In Danzig mit voll entwickeltem Verstand geboren, beschließt er, ab seinem dritten Geburtstag nicht mehr zu wachsen. Seine Blechtrommel, von seiner Mutter zu seinem dritten Geburtstag geschenkt bekommen, begleitet ihn von nun an überall hin. Er weigert sich, Teil der Welt der Erwachsenen zu werden und redet nicht mehr in der Öffentlichkeit. Allerdings hat er die Gabe, Glas zu zerschreien, die er manchmal nutzt, um Menschen zu Dieben werden zu lassen, beispielsweise indem er Löcher in Schaufenstern entstehen lässt. Er beobachtet die Missetaten, Geheimnisse und Verfehlungen unter anderem seiner Eltern und lernt heimlich lesen und schreiben. Heran-wachsend trifft er im Zirkus andere Kleinwüchsige, torpediert unter einer Tribüne unsichtbar musizierend ein NSDAP-Treffen mittels seines eigenen Rhythmus' und ist Zeuge sowohl der Untreue sowie des Todes seiner Mutter.

Mit Maria erlebt Oskar seine erste Liebe und seinen ersten Sex – eine Tüte Brausepulver wirkt als Aphrodisiakum. Jedoch verliert er Maria an seinen Ziehvater. Nichtsdestotrotz ist Oskar überzeugt, dass Marias Sohn von ihm gezeugt wurde.

Oskar tritt während des Krieges dem Fronttheater bei. Als sein Sohn drei Jahre alt wird, überreicht Oskar ihm wiederum stolz eine Blechtrommel, doch jener verprügelt Oskar statt sich zu bedanken. Oskar hat eine „Jesusbegegnung" in einer Kirche, schließt sich dann aber jugendlichen Diebesbanden an. Als der zweite Weltkrieg auch Danzig erreicht, macht sich Oskar mitschuldig am Tod seines Vaters, der aus Furcht vor den Deutschen sein Parteiabzeichen verschluckt und daran zu ersticken droht. Während der Beerdigung wirft ihm sein (vermeintlicher) Sohn einen Stein an den Kopf. Oskar wächst nun wieder.

Im dritten Buch spricht Oskar nun wieder - auch in der Öffentlichkeit. Er arbeitet beim Steinmetz, wird Kunststudent, nähert sich heimlich der Krankenschwester Dorothea und wird schließlich Musiker im „Zwiebelkeller". Er hat Erfolg als Trommler, ist dennoch oft einsam. Schließlich wird er fälschlicherweise verdächtigt, Dorothea ermordet zu haben und in eine Heilanstalt eingewiesen, wo er seine Memoiren schreibt (siehe Anfang).

Miefiges Kleinbürgertum, individuelle Schuld im Nationalsozialismus, Moralvorstellungen und Lebenswirklichkeiten sind zentrale Themen im Text.

Es gibt einige autobiografische Bezüge: Grass' Heimatstadt Danzig, seine Steinmetzlehre, sein Kunststudium, sein Wirken als Kneipenmusikant. Die Verfilmung des Stoffes 1979 durch Volker Schlöndorff erhielt einen Oscar.

Ansichten eines Clowns

HEINRICH BÖLL

Roman, 1963

#LIEBE #NACHKRIEGSDEUTSCHLAND

#GESELLSCHAFT #BILLARDUMHALBZEHN

#DIEVERLORENEEHREDERKATHARINABLUM

#NOBELPREIS

Der Roman wird als eine Mischung aus Liebeserzählung und Gesellschaftsbericht angesehen. Die antiklerikalen Tendenzen darin gaben immer wieder Anlass zu Diskussionen.

Erzählt wird ein einziger Tag in der „Wirtschaftswunderzeit". Der Außenseiter Hans Schnier, in der Vergangenheit erfolgreich als Pantomime, sitzt nun im Bonner Bahnhof quasi als Bettler, dem Alkohol verfallen. Als Industriellensohn geboren hatte Hans stets gegen Wirtschaft, Kirche und Politik rebelliert, sich aber in die „katholische" Marie verliebt. Er hätte ihr zuliebe alles Rebellische aufgegeben, um ein bürgerliches Leben zu führen. Doch allein die Diskussion um die Art der Eheschließung und die Erziehung der Kinder zerbricht etwas Grundlegendes in der Beziehung der beiden unterschiedlichen Menschen. Marie verlässt ihn, woraufhin Hans mit seiner clownesken Kunst an den Rand der Gesellschaft rutscht.

Der sentimentale freiheitsliebende Individualist und dessen tragische Liebe wie auch sein Sein in der Gesellschaft wird in Momentaufnahmen – zum Teil satirisch – aufgegriffen.

Kernthemen: Das Individuum wird unterdrückt; autoritäre Macht lebt auch nach der NS-Zeit unter dem demokratischen Deckmantel der neuen Bundesrepublik fort. Ein Tor, gebeutelt und gefallen im bundesdeutschen Alltag, geprägt von Ordnung und „altem Recht", nimmt ein tragisches Ende.

Kindheitsmuster

CHRISTA WOLF

Roman, 1976

#KINDHEIT #FASCHISMUS

#SUBJEKTIVEAUTHENTIZITÄT

#SCHULD #DDR

Die vom alltäglichen Faschismus geprägte Kindheit und Jugend der Protagonistin, Nelly Jordan, ist Gegenstand des Textes, eingebettet in den Erzählrahmen, der vornehmlich durch die Reise viele Jahre später bestimmt wird, die die Erzählerin mit ihrer Familie in ihre Heimatstadt unternimmt. Vielfältige Erinnerungen werden wachgerufen: die Trivialität des Faschismus im tagtäglichen Leben - die Erzählerin berichtet von der eigenen Kindheit in der dritten Person - Streitigkeiten, Familientreffen und Schulbegebenheiten sowie Aktivitäten im BDM (Bund deutscher Mädel). Die Entwicklung Nellys, ihr Drang zu Anpassung und das gleichzeitige Widerstreben werden thematisiert. Große politische Ereignisse tangieren kaum das Leben der Familie, selbst der Einsatz des Vaters als Soldat ist zunächst sekundär. Erst die durch das Vorrücken der Roten Armee erzwungene Flucht gen Westen und das Zusammentreffen mit ehemaligen KZ-Häftlingen zieht eine wirkliche Veränderung nach sich. Der Vater kehrt fremd geworden aus dem Krieg zurück; Nelly erkrankt an Tuberkulose, überlebt aber.

Die erzählten Ereignisse sind von Reisebeobachtungen und Gesprächen mit der begleitenden Familie sowie von Über-legungen während der Manuskript-Niederschrift zwischen 1972 und 1975 durchbrochen. Der Bezug zwischen persönlich Erlebten und historischer Wirklichkeit, die eigene Identitäts-suche, die Verdrängung der Vergangenheit - all das gipfelt in

der persönlichen Betroffenheit, der „subjektiven Authentizität".
Wolfs Vergangenheitsbewältigungsversuch - wobei gerade
dem Unabgeschlossenen Rechnung getragen wird - traf in der
DDR nicht nur auf Zuspruch.

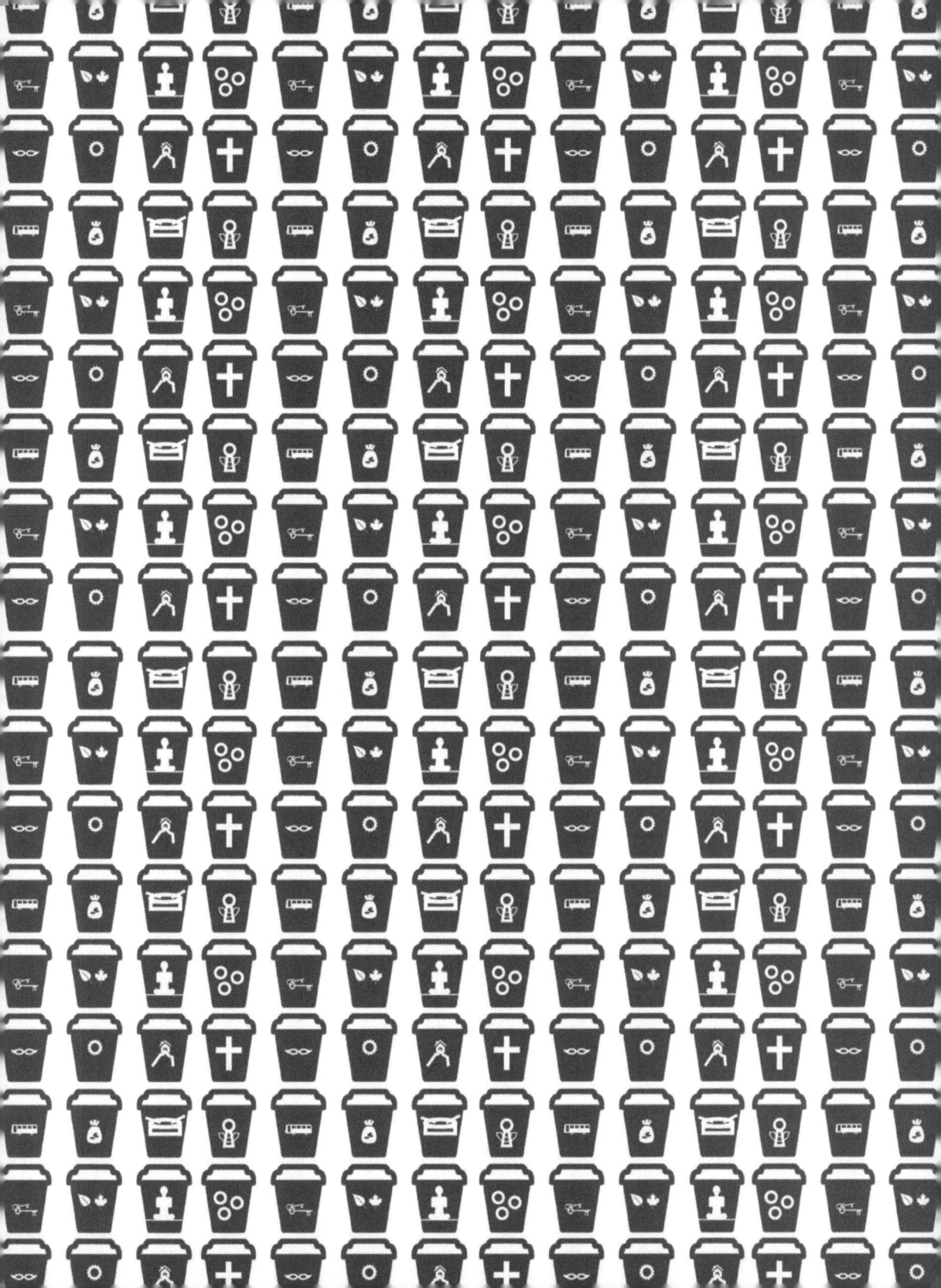

Atemschaukel

HERTHA MÜLLER

Roman, 2009

#STALINISMUS #HUNGER

#ARBEITSLAGER #SEHNSUCHTSORT

#HOMOSEXUALITÄT

Der Roman beschreibt die Deportation und den fünf-
jährigen Aufenthalt des jungen Leopold Amberg aus
Siebenbürgen. Der Text erzählt vom Leben im Arbeitslager
in der Sowjet-Ukraine und thematisiert somit die Verfolgung
Rumäniendeutscher unter Stalin. Hauptmotive sind Hunger
und Heimweh. Überlebensstrategien, lebenslang prägende
Lager-Erlebnisse, vor allem in Zusammenhang mit dem perso-
nifizierten „Hungerengel", werden eindringlich geschildert.
Vor- und Rückblenden geben Auskunft über Leopolds Familie
und dessen Homosexualität.

Das Leitmotiv Heimweh lässt die von Leopold einst als
einengend empfundene Heimatstadt im Lager zum „Sehn-
suchtsort" werden. Die Worte seiner Großmutter, sie wisse,
dass er wiederkäme, schützen ihn vor dem Aufgeben.

Die Verschränkung von Erinnerung und Sprache sind
maßgeblich für den Text, der im Erscheinungsjahr den Nobel-
preis für Literatur erhielt. Der Stoff stammt aus Gesprächen mit
dem Lyriker Oskar Pastor und weiteren Überlebenden.

GRUNDLAGEN DES MARKETING
BARBARA SCHILLING

„Dieses Buch vereint anschaulich die Marketing-Grundlagen aus Theorie und Praxis und ist sowohl für Marketingfachleute in der Ausbildung als auch in der Arbeitswelt geeignet.

Aus dem Inhalt: Markt und Wettbewerb, Marketing-Mix, Werbelehre, Planung, Konzeption, Kommunikationspsychologie, Multi- und Social-Media, Gestaltung, Research, Nachhaltigkeit.

In der dritten Auflage mit Online-Teil befinden sich zusätzlich Kontrollfragen und -antworten zum Gelesenen - als Selbsttest im Anhang."

ISBN 978-3839166468

WWW.MARKETING-MUSE.DE

GRUNDLAGEN DES ONLINE-MARKETING
BARBARA SCHILLING

Ob SEO, E-Mail- oder Mobile Marketing: Online-Marketing ist ein bedeutender Part in der Werbewelt, zukunftsweisend und zunehmend marktbeherrschend. In diesem Buch sind kurz und knapp die wichtigsten Basics zum Thema zusammengefasst.

Welche Begriffe sind wie definiert? wie sind diese zueinander in Beziehung zu setzen? Was verbrigt sich zum Beispiel hinter Storytelling, Call-to-action, Affiliate oder Landingpage?

ISBN 978-3743127722

WWW.MARKETING-MUSE.DE

MEIN BUCH - MEIN ERFOLG
BUCHMARKETING IN 6 WOCHEN
BARBARA SCHILLING

Im vorliegenden Buch zeigt die Autorin
und Marketing-Fachfrau, wie man in
sechs Wochen die Grundlage für eine
erfolgreiche Buchvermarktung schafft,
um auch in Zukunft optimal darauf aufbauen
zu können.

ISBN 978-3741288708

WWW.ANGENEHME-VORSTELLUNG.DE

100 TIPPS FÜR EILIGE MÜTTER
BARBARA SCHILLING

Gerade der Spagat zwischen Job und Familie,
Alltag und Freizeit bringt viele Mütter an ihre
Grenzen. Unsere praxiserprobten Tipps sollen
helfen – damit das Hier und Jetzt wieder Spaß
macht. Damit die Vereinbarkeit von Familie
und Beruf keine leere Phrase bleibt und damit
wir Mütter mehr Zeit für schöne Dinge haben!
Die perfekte Mutter gibt es nicht – Gott sei
Dank. Aber die zufriedene.

ISBN 978-3734764325

WWW.ANGENEHME-VORSTELLUNG.DE